Mug Cakes

Feine Tassenküchlein

Edition
Fackelträger

•••••••••••••••••••••••

Verführerisch fruchtig

Mit Schokolade und Nuss

Mug Cakes für jeden Tag

Toppings

Mug Cakes –
Tassenkuchen der besonderen Art

Hierzulande wird unter „Tassenkuchen" oder „Becherkuchen" meist ein großer Kuchen verstanden, bei dem die Zutaten becherweise abgemessen und miteinander zu einem Teig verrührt werden. Unsere Mug (engl. = Becher) Cakes werden jedoch in der Tasse zubereitet und – damit auch alles superfix geht – nicht im Backofen, sondern in der Mikrowelle „gebacken". Zwar haben wir für alle unsere Küchlein auch die Backofenzubereitung angegeben, der absolute Clou ist aber die Fertigstellung in der Mikrowelle. Diese muss nicht vorgeheizt werden, und die Küchlein sind bei 800 Watt nach sage und schreibe rund 2 Minuten fertig. So schnell ging Kuchen noch nie! Damit die Küchlein perfekt gelingen, sollten jedoch ein paar Dinge beachtet werden.

Einfach, aber exakt

Damit die Cakes luftig und zart geraten, müssen die einzelnen Zutaten exakt abgemessen werden, schließlich werden bei den kleinen Küchlein immer nur geringe

Mengen verwendet. Ein paar Gramm mehr oder weniger geraspelter Apfel, etwas zu viel Milch oder auch zu viel Mehl können den Kuchen pappig und feucht oder trocken und zäh machen. So einfach also die eigentliche Zubereitung ist, so exakt sollte man mit der Küchenwaage agieren.

Gerade beim Backpulver muss die Mischung stimmen. Es darf weder zu viel noch zu wenig genommen werden – schließlich soll der Kuchen schön luftig sein, aber nicht über die Tasse hinauslaufen. Um auch bei den kleinen Mengen pro Küchlein die perfekte Mischung zu erhalten, empfiehlt es sich, direkt eine größere Menge zusammenzurühren:

Grundrezept für die Mehlmischung

Auf 240 g Mehl kommen 1 ½ TL Backpulver. Geben Sie das abgewogene Mehl und das untergerührte Backpulver in ein Haarsieb und sieben Sie es in ein ausreichend großes Aufbewahrungsglas. Es hält sich ebenso lange wie Mehl und Sie haben immer die perfekte Mischung zur Hand, auf die auch in den Rezepten verwiesen wird.

Die Rezeptmengen reichen für zwei große Kaffeetassen. Beachten Sie, dass die Küchlein enorm hochsteigen, und lassen Sie sich daher nicht von der Füllhöhe irritieren. Die Tassen sollten maximal zur Hälfte mit Teig gefüllt werden.

Unsere Rezepte sind für zwei Mug Cakes berechnet. Sie können beide Tassen zwar auch nebeneinander in die Mikrowelle stellen, jedoch verlängert sich dann die Backzeit, und der Garvorgang wird unregelmäßiger. Geben Sie daher am besten die Tassen nacheinander in die Mikrowelle, und halten Sie sich exakt an die im Rezept angegebenen Garzeiten.

Ebenso schnell, wie die Küchlein gebacken sind, sollten sie auch gegessen werden. Sie eignen sich nicht zur Vorratshaltung, sondern schmecken am allerbesten direkt nach dem Auskühlen. Unsere Ausnahme ist der Käsekuchen-Mug-Cake, der ruhig ein wenig durchziehen kann. Für alle anderen gilt: abkühlen lassen und direkt genießen!

Beachten Sie, dass die verwendeten Tassen mikrowellen- oder alternativ backofengeeignet sind. Für die Mikrowelle gilt: kein Metall, also auch kein Goldrand. Für den Backofen gilt: ofenfeste Materialien verwenden.

Auch das Auge isst mit

Zwar können die Mug Cakes auch gestürzt serviert werden – aufgrund ihrer hohen, schlanken Form machen sie sich jedoch am besten direkt in der Tasse. Richten Sie bei der Zubereitung Ihr Augenmerk auch auf die zu verwendenden Tassen. Sie sollten optisch etwas hermachen und als Duo harmonieren.

Bei den vielen Rezeptfotos dieses Buches erhalten Sie Anregungen satt, wie die Küchlein am besten in Szene gesetzt werden. Sie können als optisches Highlight zum Beispiel neben einem auffälligen Muster auch kleine Bänder um die Tassen binden. Außerdem bildet ein Topping nicht nur geschmacklich, sondern oft auch optisch das Tüpfelchen auf dem i. Auf den letzten Seiten finden Sie einige Topping-Vorschläge mit vielen Varianten, die Sie frei nach Gusto zu den Mug Cakes reichen können.

Lassen Sie sich von den vielen tollen Rezepten und Fotos inspirieren – vor allem aber wünschen wir Ihnen viel Spaß beim Nachbacken und Genießen!

Heidelbeer-Mug-Cakes

Verführerisch fruchtig

40 g Heidelbeeren (ersatzweise TK)
30 g Butter
50 g Zucker
1 Päckchen Vanillezucker
1 Prise Salz
1 Ei (Größe L)
1 EL saure Sahne
½ TL abgeriebene Schale von
  1 unbehandelten Zitrone
60 g Mehl, mit Backpulver versetzt
Butter für die Tassen

Für 2 Tassen
à ca. 220 ml

Die Heidelbeeren waschen und vorsichtig trocken tupfen. TK-Heidelbeeren auftauen lassen. Die Butter in eine Rührschüssel geben und bei 800 W für ca. 30 Sekunden in die Mikrowelle stellen, bis sie weich ist. Nun mit dem Handrührgerät erst den Zucker, den Vanillezucker und das Salz unterquirlen. Dann das Ei, die saure Sahne und die Zitronenschale dazugeben. Das Mehl darübersieben und alles verquirlen. Zum Schluss die Heidelbeeren unterheben.

Zwei Tassen mit Butter einfetten. Den Teig auf die Tassen verteilen. Nacheinander bei 800 W für 2:10 Minuten in die Mikrowelle stellen. Herausnehmen und abkühlen lassen. Stürzen oder in der Tasse servieren. Besonders lecker schmeckt dazu ein cremiges, leichtes Icing (s. S. 58).

Bei der Zubereitung ohne Mikrowelle ofenfeste Tassen verwenden. Die Butter bei Zimmertemperatur weich werden lassen. Den Backofen auf 180 °C vorheizen und die Cakes auf der mittleren Schiene ca. 25 Minuten backen.

Cranberry-Mohn-Mug-Cakes

1 EL getrocknete Cranberrys
35 g Butter
1 Ei (Größe L)
60 g Mehl, mit Backpulver versetzt
60 g Zucker
1 Prise Salz
1 TL Mohnsamen
35 g saure Sahne
Butter für die Tassen

Die getrockneten Cranberrys hacken. Die Butter in eine Rühr-schüssel geben und für ca. 40 Sekunden bei 800 W in der Mikro-welle schmelzen. Herausnehmen und das Ei mit den gehackten Cranberrys darunterquirlen.

Das Mehl darübersieben, dann Zucker, Salz und Mohnsamen hinzugeben. Zum Schluss die saure Sahne hinzufügen. Alles mit dem Handrührgerät verquirlen.

Zwei Tassen mit Butter einfetten. Den Teig auf die Tassen verteilen und diese nacheinander für 1:55 Minuten bei 800 W in der Mikrowelle backen. Herausnehmen und stürzen oder in der Tasse abkühlen lassen. Besonders lecker schmeckt dazu die Amerikani-sche Buttercreme (s. S. 61).

Bei der Zubereitung ohne Mikrowelle ofenfeste Tassen verwen-den. Die Butter in einem kleinen Topf zerlassen. Den Backofen auf 180 °C vorheizen und die Cakes auf der mittleren Schiene ca. 25 Minuten backen.

Für 2 Tassen
à ca. 220 ml

Saftige Apfel-Mug-Cakes

Verführerisch fruchtig

1 Apfel
25 g Butter
1 Msp. Zimt
55 g brauner Zucker
1 Prise Salz
1 Ei (Größe L)
1 EL gehackte Mandeln
60 g Mehl, mit Backpulver versetzt
Butter für die Tassen
Schlagsahne zum Garnieren

Für 2 Tassen
à ca. 220 ml

Den Apfel waschen, trocknen, schälen und vierteln. Das Kerngehäuse entfernen und das Fruchtfleisch grob raspeln. Zusammen mit der Butter in eine Rührschüssel geben und bei 800 W für 50 Sekunden in die Mikrowelle stellen, bis die Butter geschmolzen und der Apfel weich ist.

Die Apfel-Butter-Mischung durchrühren, dann Zimt, Zucker, Salz und das Ei darunterquirlen. Die gehackten Mandeln dazugeben und das Mehl darübersieben. Alles kurz miteinander verquirlen.

Zwei Tassen mit Butter einfetten. Den Teig auf die Tassen verteilen und diese nacheinander bei 800 W für ca. 2 Minuten in die Mikrowelle stellen. Herausnehmen und abkühlen lassen. Als Topping schmeckt Schlagsahne.

Bei der Zubereitung ohne Mikrowelle ofenfeste Tassen verwenden. Die Butter in einem kleinen Topf zerlassen und den geraspelten Apfel darin ca. 3 Minuten dünsten. Den Backofen auf 180 °C vorheizen und die Apfelküchlein auf der mittleren Schiene ca. 25 Minuten backen.

Rhabarber-Mug-Cakes

30 g Marzipan
45 g Rhabarber
20 g Butter
55 g Zucker
1 Prise Salz
1 Ei (Größe L)
1 EL Milch
65 g Mehl, mit Backpulver versetzt
Butter für die Tassen
Puderzucker zum Bestäuben

Für 2 Tassen
à ca. 220 ml

Das Marzipan hacken. Den Rhabarber waschen, trocken tupfen, putzen und in kleine Würfel schneiden. Rhabarber in einer Tasse bei 800 W für ca. 30 Sekunden in die Mikrowelle stellen. Herausnehmen, dann Marzipan mit der Butter in eine Rührschüssel geben. Bei 800 W für ca. 1 Minute in die Mikrowelle stellen. Alles mit einer Gabel verrühren.

Zucker und Salz in die Marzipanmischung geben, dann das Ei. Die Mischung mit dem Handrührgerät verquirlen. Die Milch hinzugeben und das Mehl darübersieben. Alles glatt verrühren. Zum Schluss den Rhabarber unterrühren.

Zwei Tassen mit Butter einfetten. Den Teig auf die Tassen verteilen. Nacheinander bei 800 W für ca. 2 Minuten in die Mikrowelle stellen. Herausnehmen und abkühlen lassen. Mit Puderzucker bestäubt servieren.

Bei der Zubereitung ohne Mikrowelle ofenfeste Tassen verwenden. Die Butter mit dem Marzipan in einem kleinen Topf erhitzen und verrühren. Den Rhabarber in einem zweiten Topf ca. 5 Minuten dünsten, dann vom Herd nehmen. Den Backofen auf 180 °C vorheizen und die Cakes auf der mittleren Schiene ca. 25 Minuten backen.

Bananen-Mug-Cakes

½ reife Banane
1 TL Zitronensaft
1 Ei (Größe L)
1 EL Rapsöl
2 EL Buttermilch
50 g brauner Zucker
1 Päckchen Vanillezucker
1 Prise Salz
1 EL ungesalzene, gehackte Erdnüsse
60 g Mehl, mit Backpulver versetzt
1 Prise Zimt
Butter für die Tassen

Für 2 Tassen
à ca. 220 ml

Die Banane mit dem Zitronensaft in eine Rührschüssel geben und mit der Gabel zerdrücken. Ei und Rapsöl hinzugeben. Mit dem Handrührgerät verquirlen. Dann die Buttermilch mit dem Zucker, dem Vanillezucker und dem Salz dazuquirlen. Die Erdnüsse dazugeben, das Mehl und die Prise Zimt darübersieben und alles miteinander verquirlen.

Zwei Tassen mit Butter einfetten. Den Teig auf die Tassen verteilen. Nacheinander bei 800 W für ca. 2 Minuten in die Mikrowelle stellen. Herausnehmen, abkühlen lassen und zum Beispiel mit einem Amerikanischen-Buttercreme-Topping servieren (s. S. 61).

Bei der Zubereitung ohne Mikrowelle ofenfeste Tassen verwenden. Den Backofen auf 180 °C vorheizen und die Cakes auf der mittleren Schiene ca. 25 Minuten backen.

Birnen-Mug-Cakes

1 EL Rosinen
1 EL Rum
1 kleine, reife Birne
30 g Butter
1 Ei (Größe L)
50 g Zucker
1 Prise Salz
60 g Mehl, mit Backpulver versetzt
10 g Haferflocken
Butter für die Tassen

Für 2 Tassen
à ca. 220 ml

Die Rosinen mit dem Rum und 1 EL Wasser in eine Tasse geben. Bei 800 W für ca. 30 Sekunden in die Mikrowelle stellen. Herausnehmen und ca. 8 Minuten stehen lassen. Die Birne waschen, trocknen, schälen und vierteln. Das Kerngehäuse entfernen und das Fruchtfleisch würfeln. 60 g in eine zweite Tasse geben und bei 800 W für ca. 30 Sekunden in die Mikrowelle stellen.

Die Butter in eine Rührschüssel geben und bei 800 W für ca. 40 Sekunden in der Mikrowelle verflüssigen. Herausnehmen und das Ei, den Zucker und das Salz hinzugeben. Alles mit dem Handrührgerät schaumig schlagen. Das Mehl darübersieben und die Haferflocken zugeben. Alles miteinander verquirlen. Die Birnenmischung und die Rosinen unterheben.

Zwei Tassen mit Butter einfetten. Den Teig auf die Tassen verteilen und diese nacheinander bei 800 W für ca. 2 Minuten in die Mikrowelle stellen. Herausnehmen, abkühlen lassen und servieren. Bei der Zubereitung ohne Mikrowelle ofenfeste Tassen verwenden. Die Rosinen mit Rum und Wasser in einem kleinen Topf erhitzen, dann in einer Tasse ziehen lassen. Die Butter in einem kleinen Topf zerlassen, in eine Rührschüssel füllen. Im gleichen Topf die Birnenstücke ca. 3 Minuten dünsten. Vom Herd nehmen. Den Backofen auf 180 °C vorheizen und die Cakes auf der mittleren Schiene ca. 25 Minuten backen.

Himbeer-Minz-Mug-Cakes

Verführerisch fruchtig

45 g Himbeeren
1 Ei (Größe L)
55 g Zucker
1 Päckchen Vanillezucker
1 Prise Salz
2 EL Rapsöl
60 g Mehl, mit Backpulver versetzt
1 EL frisch gehackte Minzeblättchen
Butter für die Tassen
2 TL Himbeerlikör zum Beträufeln
Puderzucker zum Bestäuben

Die Himbeeren in ein Sieb geben, abspülen und abtropfen lassen. Auf Küchenkrepp geben und vorsichtig trocken tupfen.

Das Ei mit Zucker, Vanillezucker und Salz in eine Rührschüssel geben. Mit dem Handrührgerät dick-schaumig aufschlagen, bis die Masse hellgelb ist. Das Rapsöl hinzugießen und unterrühren. Das Mehl darübersieben, ebenfalls kurz unterrühren. Zum Schluss die Himbeeren und die Minzeblättchen unterheben.

Zwei Tassen mit Butter einfetten. Den Teig auf die Tassen verteilen und diese nacheinander bei 800 W für 1:55 Minuten in die Mikrowelle stellen. Herausnehmen und noch heiß mit jeweils 1 TL Himbeerlikör beträufeln. Abkühlen lassen und mit Puderzucker bestäubt servieren.

Bei der Zubereitung ohne Mikrowelle ofenfeste Tassen verwenden. Den Backofen auf 180 °C vorheizen und die Küchlein auf der mittleren Schiene ca. 25 Minuten backen.

Für 2 Tassen
à ca. 220 ml

Apfel-Pistazien-Mug-Cakes

Verführerisch fruchtig

30 g gehackte Pistazien
55 g Zucker
1 Apfel
30 g Butter
1 Ei (Größe L)
1 Prise Salz
60 g Mehl, mit Backpulver versetzt
1 Prise Zimt
Butter für die Tassen und das Backpapier

Für 2 Tassen
à ca. 220 ml

Die gehackten Pistazien mit dem Zucker in eine Pfanne geben und goldgelb karamellisieren. Auf eingebuttertes Backpapier streichen und auskühlen lassen. Dann im Blitzhacker pulverisieren.

Den Apfel waschen, trocknen, schälen und vierteln. Das Kerngehäuse entfernen und das Fruchtfleisch klein würfeln. 60 g in eine Schale geben. Bei 800 W für ca. 30 Sekunden in die Mikrowelle stellen. Die Butter in eine Rührschüssel geben und für ca. 40 Sekunden bei 800 W in der Mikrowelle schmelzen.

Das Ei verquirlen, dann die Butter mit dem Salz und dem gemahlenen Pistazienkrokant hinzufügen. Alles miteinander verquirlen. Das Mehl mit dem Zimt darübersieben, kurz unterrühren und den Teig auf zwei mit Butter eingefettete Tassen verteilen.

Die Tassen nacheinander bei 800 W für 1:50 Minuten in die Mikrowelle stellen. Herausnehmen und abkühlen lassen. Dazu schmeckt Schlagsahne oder das Amerikanische-Buttercreme-Topping (s. S. 61) besonders gut.
Bei der Zubereitung ohne Mikrowelle ofenfeste Tassen verwenden. Die Apfelstücke in einen kleinen Topf geben und kurz andünsten. Die Butter in einem kleinen Topf zerlassen. Den Backofen auf 180 °C vorheizen und die Küchlein auf der mittleren Schiene ca. 25 Minuten backen.

Aprikosen-Mug-Cakes

1 Ei (Größe L)
1 EL mildes Olivenöl
55 g Zucker
1 Päckchen Vanillezucker
1 Prise Salz
60 g Mehl, mit Backpulver versetzt
2 reife Aprikosen
2 EL kandierter Ingwer
Butter für die Tassen
Puderzucker zum Bestäuben

Für 2 Tassen
à ca. 220 ml

Das Ei mit dem Olivenöl in eine Rührschüssel geben und mit dem Handrührgerät verquirlen. Den Zucker, den Vanillezucker und das Salz hinzufügen. Ebenfalls darunterquirlen. Dann das Mehl darübersieben und kurz unterrühren.

Die Aprikosen waschen, trocknen, entsteinen, das Fruchtfleisch würfeln und 60 g für die Cakes abwiegen. Den kandierten Ingwer hacken. Beides unter den Teig heben. Zwei Tassen mit Butter einfetten und den Teig darauf verteilen. Die Tassen nacheinander bei 800 W für ca. 2 Minuten in die Mikrowelle stellen. Herausnehmen, abkühlen lassen und mit Puderzucker bestäubt servieren.

Wer möchte, kann natürlich auch ein Topping dazureichen. Besonders lecker schmeckt das Frischkäse-Zitrus-Frosting (s. S. 62) oder ein Icing mit untergehobenen Beeren (s. S. 58).

Bei der Zubereitung ohne Mikrowelle ofenfeste Tassen verwenden. Den Backofen auf 180 °C vorheizen und die Küchlein auf der mittleren Schiene ca. 25 Minuten backen.

Pina-Colada-
Mug-Cakes

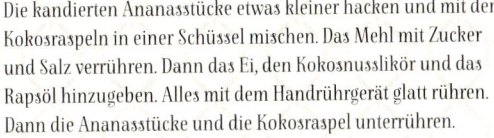

Verführerisch
fruchtig

2 EL kandierte Ananas
2 EL Kokosraspel
50 g Mehl, mit Backpulver versetzt
55 g Zucker
1 Prise Salz
1 Ei (Größe L)
3 EL Kokosnusslikör (alkoholfreie Alternative:
    Kokosmilch)
3 EL Rapsöl
Butter für die Tassen

Die kandierten Ananasstücke etwas kleiner hacken und mit den Kokosraspeln in einer Schüssel mischen. Das Mehl mit Zucker und Salz verrühren. Dann das Ei, den Kokosnusslikör und das Rapsöl hinzugeben. Alles mit dem Handrührgerät glatt rühren. Dann die Ananasstücke und die Kokosraspel unterrühren.

Zwei Tassen mit Butter einfetten und den Teig darauf verteilen. Jede Tasse für ca. 2 Minuten bei 800 W in die Mikrowelle stellen. Nach Belieben stürzen oder in der Tasse servieren.

Als Topping passt eine mit Kokosnusslikör aromatisierte Buttercreme (s. S. 61).

Bei der Zubereitung ohne Mikrowelle ofenfeste Tassen verwenden. Den Ofen auf 180 °C vorheizen und die Cakes auf der mittleren Schiene ca. 25 Minuten backen.

Für 2 Tassen
à ca. 220 ml

Mandel-Buttermilch-Mug-Cakes

45 g Mehl, mit Backpulver versetzt
55 g Zucker
1 Prise Salz
1 Ei (Größe L)
3 EL Buttermilch
3 EL Rapsöl
20 g gemahlene Mandeln
1 EL gehackte Mandeln
Butter für die Tassen

Mehl mit Zucker und Salz verrühren. Dann das Ei, die Buttermilch und das Rapsöl hinzugeben. Alles mit dem Handrührgerät glatt rühren. Die gemahlenen und die gehackten Mandeln hinzugeben. Alles kurz verquirlen.

Zwei Tassen mit Butter einfetten und den Teig darauf verteilen. Jede Tasse für 1:50 Minuten bei 800 W in die Mikrowelle stellen. Nach Belieben stürzen oder in der Tasse servieren. Als Topping passt ein leichtes Holunderblüten-Icing besonders gut (s. S. 58).

Bei der Zubereitung im Backofen ofenfeste Tassen verwenden. Den Ofen auf 180 °C vorheizen und die Cakes auf der mittleren Schiene ca. 25 Minuten backen.

Für 2 Tassen à ca. 220 ml

Schoko-Walnuss-Mug-Cakes

Mit Schokolade und Nuss

50 g Walnüsse
25 g Zucker für den Krokant
30 g Zartbitterschokolade
20 g Butter
55 g Zucker für den Teig
1 Prise Salz
1 Ei (Größe L)
3 EL Milch
50 g Mehl, mit Backpulver versetzt
Butter für die Tassen und das Backpapier
Puderzucker zum Bestäuben
Schlagsahne zum Servieren

Für 2 Tassen
à ca. 220 ml

Für den Krokant die Walnüsse grob hacken. Zucker in einer Pfanne zerlassen und die Nüsse hineingeben. Unter Rühren goldgelb karamellisieren lassen. Sofort auf mit Butter bestrichenes Backpapier streichen und vollständig erkalten lassen. Dann nicht zu fein hacken.

Für den Teig die Zartbitterschokolade hacken. Mit der Butter in eine Rührschüssel geben und bei 800 W für ca. 1 Minute in die Mikrowelle stellen, bis alles flüssig ist. Mit einer Gabel glatt verrühren. Zucker, Salz und Ei dazugeben und mit dem Handrührgerät schaumig quirlen. Dann die Milch dazurühren.

Das Mehl darübersieben und kurz rühren. Dann 2 ½ EL Krokant unterheben. Zwei Tassen mit Butter einfetten. Den Teig auf die Tassen verteilen und diese nacheinander bei 800 W für 1:50 Minuten in die Mikrowelle stellen. Herausnehmen, stürzen und vollständig abkühlen lassen.

Die Cakes mit Puderzucker bestäuben. Den restlichen Krokant unter die Schlagsahne heben und zu den Cakes servieren.

Für die Zubereitung ohne Mikrowelle ofenfeste Tassen verwenden. Die Butter und die Schokolade im Wasserbad schmelzen. Den Ofen auf 180 °C vorheizen und die Cakes auf der mittleren Schiene ca. 25 Minuten backen.

Schoko-Mohn-Mug-Cakes

3 EL Milch
2 EL gemahlene Mohnsamen
30 g Zartbitterschokolade
20 g Butter
55 g Zucker
1 Prise Salz
1 Ei (Größe L)
40 g Mehl, mit Backpulver versetzt
Butter für die Tassen
dunkle Ganache zum Überziehen
Preiselbeeren aus dem Glas zum Servieren

Für 2 Tassen
à ca. 220 ml

Die Milch mit dem Mohn in eine Tasse geben. Bei 800 W für ca. 1 Minute in die Mikrowelle stellen, bis die Milch kochend heiß ist. Den Mohn darin ca. 10 Minuten quellen lassen.

Die Zartbitterschokolade hacken. Mit der Butter in eine Rührschüssel geben. Bei 800 W für ca. 1 Minute in die Mikrowelle stellen, bis alles geschmolzen ist. Mit der Gabel glatt verrühren, bis die Masse nur noch warm, aber nicht mehr heiß ist. Zucker, Salz und Ei hinzufügen. Mit dem Handrührgerät verquirlen. Dann die Mohnmischung unterrühren. Das Mehl darübersieben und kurz verquirlen.

Zwei Tassen mit Butter einfetten. Den Teig darauf verteilen. Die Tassen nacheinander bei 800 W für 1:50 Minuten in die Mikrowelle stellen. Herausnehmen, stürzen und auskühlen lassen. Mit Ganache vollkommen überziehen und mit einem Klecks Preiselbeeren garnieren.

Bei der Zubereitung ohne Mikrowelle die Milch in einem kleinen Topf mit dem Mohn erhitzen. Dann vom Herd nehmen und quellen lassen. Die Schokolade mit der Butter in einen zweiten kleinen Topf geben und unter Rühren schmelzen. Den Backofen auf 180 °C vorheizen und die Küchlein auf der mittleren Schiene ca. 25 Minuten backen.

Dunkle-Schoko-Mug-Cakes

Mit Schokolade und Nuss

40 g Zartbitterschokolade
10 g Butter
1 Ei (Größe L)
3 EL Joghurt
30 g Zucker
1 Päckchen Vanillezucker
1 Prise Salz
60 g Mehl, mit Backpulver versetzt
Butter für die Tassen
Puderzucker zum Bestäuben

Für 2 Tassen à ca. 220 ml

Die Zartbitterschokolade hacken. Mit der Butter in eine Schale geben und bei 800 W für ca. 1 Minute in die Mikrowelle stellen, bis alles geschmolzen ist. Mit einer Gabel glatt rühren.

Das Ei mit dem Joghurt, dem Zucker, dem Vanillezucker und dem Salz in eine Rührschüssel geben. Mit dem Handrührgerät schaumig aufschlagen. Dann die Schokoladen-Butter-Mischung hinzugießen und dabei ständig weiterquirlen. Das Mehl darübersieben und kurz unterrühren.

Zwei Tassen mit Butter einfetten. Den Teig auf die Tassen verteilen und diese nacheinander bei 800 W für 1:50 Minuten in die Mikrowelle stellen. Herausnehmen, stürzen oder in der Tasse abkühlen lassen. Sehr lecker schmeckt dazu Schlagsahne oder auch eine dunkle Ganache mit untergehobenen Himbeeren oder Heidelbeeren (s. S. 57).

Für die Zubereitung ohne Mikrowelle ofenfeste Tassen verwenden. Die Butter und die Schokolade im Wasserbad schmelzen. Den Backofen auf 180 °C vorheizen und die Cakes auf der mittleren Schiene ca. 25 Minuten backen.

Schoko-Trüffel-Mug-Cakes

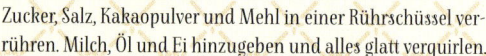

55 g Zucker
1 Prise Salz
20 g Kakaopulver
40 g Mehl, mit Backpulver versetzt
3 EL Milch
3 EL Rapsöl
1 Ei (Größe L)
1 Trüffelpraline
Butter für die Tassen

Zucker, Salz, Kakaopulver und Mehl in einer Rührschüssel verrühren. Milch, Öl und Ei hinzugeben und alles glatt verquirlen.

Die Tassen mit Butter ausstreichen. Den Teig darauf verteilen. Die
Trüffelpraline halbieren. Die Tassen nacheinander in die Mikro-
welle stellen und bei 800 W für 1:50 Minuten garen. Direkt vor dem
Garen in der Mikrowelle je eine halbe Praline auf den Teig geben.

Die Cakes herausnehmen, abkühlen lassen und in der Tasse servieren. Besonders lecker schmeckt dazu dunkle Schoko-Ganache
(s. S. 57) und ein Klecks Preiselbeeren aus dem Glas.

Bei der Zubereitung im Backofen ofenfeste Tassen verwenden.
Den Ofen auf 180 °C vorheizen und die Cakes auf der mittleren
Schiene ca. 25 Minuten backen.

Für 2 Tassen
à ca. 220 ml

Espresso-Nuss-Mug-Cakes

Mit Schokolade und Nuss

3 EL Milch
2 TL Instant-Espressopulver
1 Ei (Größe L)
3 ½ EL Rapsöl
55 g Zucker
1 Prise Salz
50 g Mehl, mit Backpulver versetzt
1 EL Kakaopulver
20 g gemahlene Haselnüsse
Butter für die Tassen

Für 2 Tassen
à ca. 220 ml

Die Milch in eine Tasse geben und bei 800 W für ca. 50 Sekunden in der Mikrowelle erhitzen. Herausnehmen und das Espressopulver hineinrühren.

Das Ei mit dem Rapsöl, dem Zucker und dem Salz in eine Rührschüssel geben. Mit dem Handrührgerät verquirlen. Dann die Espresso-Milch darunterrühren. Mehl mit Kakaopulver darübersieben, die gemahlenen Haselnüsse dazugeben und alles kurz verquirlen.

Zwei Tassen mit Butter einfetten. Den Teig auf die Tassen verteilen und diese nacheinander bei 800 W für 1:50 Minuten in die Mikrowelle stellen. Herausnehmen und stürzen oder in der Tasse abkühlen lassen. Sehr lecker dazu ist eine Ganache mit dunkler Schokolade (s. S. 57).

Bei der Zubereitung ohne Mikrowelle die Milch in einem kleinen Topf erhitzen und das Espressopulver darin auflösen. Den Backofen auf 180 °C vorheizen. Die Cakes auf der mittleren Schiene ca. 25 Minuten backen.

Saftige Rübli-Mug-Cakes

Mit Schokolade und Nuss

1 kleine Möhre
1 Ei (Größe L)
2 EL Rapsöl
1 EL Orangensaft
55 g Zucker
1 Päckchen Vanillezucker
1 Prise Salz
2 EL gemahlene Haselnüsse
½ EL Kirschwasser
1 Prise Zimt
1 Prise gemahlener Ingwer
50 g Mehl, mit Backpulver versetzt
Butter für die Tassen
Puderzucker zum Bestäuben
Zuckermöhren zum Garnieren

Die Möhre waschen, trocknen, putzen und schälen. Auf der Gemüsereibe fein raspeln und für die Cakes 50 g abwiegen.

Das Ei mit dem Rapsöl, dem Orangensaft, dem Zucker, dem Vanillezucker und dem Salz in eine Rührschüssel geben und mit dem Handrührgerät ca. 2 Minuten verquirlen. Haselnüsse und Kirschwasser dazugeben und darunterquirlen. Zum Schluss Zimtpulver, Ingwerpulver und das Mehl darübersieben. Kurz unterrühren, dann die Möhrenraspel unterheben.

Zwei Tassen mit Butter einfetten. Den Teig auf die Tassen verteilen und diese nacheinander bei 800 W für 2:10 Minuten in die Mikrowelle stellen. Herausnehmen und stürzen oder in der Tasse abkühlen lassen. Mit Puderzucker bestäuben und mit je einer Zuckermöhre garniert servieren.

Bei der Zubereitung im Backofen ofenfeste Tassen verwenden. Den Ofen auf 180 °C vorheizen und die Cakes auf der mittleren Schiene ca. 25 Minuten backen.

Für 2 Tassen à ca. 220 ml

Rotwein-Schoko-Mug-Cakes

Mit Schokolade und Nuss

30 g Butter
50 g Zucker
1 Päckchen Vanillezucker
1 Prise Salz
1 Ei (Größe L)
3 EL Rotwein
50 g Mehl, mit Backpulver versetzt
1 EL Kakaopulver
1 Prise Zimt
2 EL Schokostreusel
Butter für die Tassen
Puderzucker zum Bestäuben

Für 2 Tassen à ca. 220 ml

Die Butter in eine Rührschüssel geben und bei 800 W für ca. 30 Sekunden in die Mikrowelle stellen, bis sie weich ist. Den Zucker, den Vanillezucker und das Salz dazugeben. Mit dem Handrührgerät schaumig quirlen. Das Ei dazugeben, den Rotwein dazugeben und alles verquirlen.

Das Mehl mit dem Kakao und dem Zimt über den Teig sieben. Zusammen mit den Schokostreuseln darunterrühren. Zwei Tassen mit Butter einfetten. Den Teig auf die Tassen verteilen und diese nacheinander bei 800 W für 1:50 Minuten in die Mikrowelle stellen. Herausnehmen und stürzen oder in der Tasse abkühlen lassen. Mit Puderzucker bestäubt servieren und dazu nach Belieben Schlagsahne oder eine Ganache (s. S. 56) reichen.

Bei der Zubereitung ohne Mikrowelle ofenfeste Tassen verwenden. Die Butter bei Zimmertemperatur weich werden lassen. Den Ofen auf 180 °C vorheizen und die Cakes auf der mittleren Schiene ca. 25 Minuten backen.

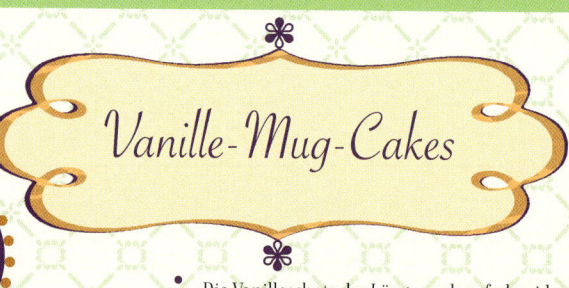

Vanille-Mug-Cakes

1 Vanilleschote
30 g Butter
55 g Zucker
1 Prise Salz
1 Ei (Größe L)
3 EL Milch
2 Tropfen Buttervanillearoma
60 g Mehl, mit Backpulver versetzt
Butter für die Tassen

Für 2 Tassen
à ca. 220 ml

Die Vanilleschote der Länge nach aufschneiden und das Mark herausschaben. Mit der Butter in eine Rührschüssel geben und bei 800 W für ca. 30 Sekunden in die Mikrowelle stellen, bis die Butter weich ist.

Zucker und Salz zur Butter geben und mit dem Handrührgerät schaumig schlagen. Dann das Ei hinzuquirlen. Die Milch und das Buttervanillearoma dazugeben und zum Schluss das Mehl darübersieben. Alles miteinander glatt verquirlen.

Zwei Tassen mit Butter einfetten. Den Teig darauf verteilen. Die Tassen nacheinander bei 800 W für 1:50 Minuten in die Mikrowelle stellen. Herausnehmen und stürzen oder in der Tasse abkühlen lassen. Dazu passt Schlagsahne oder die Amerikanische Buttercreme (s. S. 61) besonders gut.

Bei der Zubereitung ohne Mikrowelle ofenfeste Tassen verwenden. Die Butter bei Zimmertemperatur weich werden lassen. Den Backofen auf 180 °C vorheizen und die Vanilleküchlein auf der mittleren Schiene ca. 25 Minuten backen.

Käsekuchen-Mug-Cakes

60 g Löffelbiskuits
1½ EL Butter
200 g Frischkäse
50 g Zucker
1 Prise Salz
1 EL Zitronensaft
1 TL abgeriebene Schale
  von 1 unbehandelten Zitrone
1 Ei (Größe L)
Butter für die Tassen
Puderzucker zum Servieren

Für 2 Tassen
à ca. 220 ml

Die Löffelbiskuits in einen Gefrierbeutel geben und mit der Küchen-rolle einige Male darüberfahren, bis die Löffelbiskuits zerkrümelt sind. Die Krümel auf die beiden Tassen verteilen. Die Butter in Flöckchen ebenfalls darauf verteilen. Die Tassen nacheinander bei 800 W für ca. 50 Sekunden in die Mikrowelle stellen. Dann jeweils mit einer Gabel umrühren, sodass die Löffelbiskuitstücke allesamt mit Butter überzogen sind.

Den Frischkäse in eine Rührschüssel geben. Zucker, Salz, Zitronen-saft und -abrieb dazugeben und alles mit dem Handrührgerät cremig quirlen. Dann das Ei hinzugeben und darunterquirlen. Die Masse auf die Tassen verteilen. Diese jeweils einmal sanft auf-klopfen, damit sich die Masse besser absetzt, und mit einer Gabel kurz umrühren.

Die Tassen nacheinander bei 800 W für 2:10 Minuten in die Mi-krowelle stellen. Herausnehmen und in der Tasse abkühlen lassen, nicht stürzen. Mit Puderzucker bestäubt servieren.

Für die Zubereitung ohne Mikrowelle ofenfeste Tassen verwen-den. Die Butter in einer kleinen Pfanne zerlassen und die Löffel-biskuitkrümel darin wenden. Den Backofen auf 180 °C vorheizen und die Käseküchlein auf der mittleren Schiene ca. 25 Minuten backen.

Zitronen-Mohn-Mug-Cakes

30 g Butter
1 Ei (Größe L)
70 g Zucker
1 Prise Salz
3 EL Zitronensaft
1 TL abgeriebene Schale
  von 1 unbehandelten Zitrone
1 TL Mohnsamen
60 g Mehl, mit Backpulver versetzt
Butter für die Tassen

Die Butter in eine Tasse geben und bei 800 W für ca. 1 Minute in die Mikrowelle stellen, bis sie flüssig ist. Das Ei in eine Rührschüssel geben. Mit dem Zucker und dem Salz mit dem Handrührgerät schaumig quirlen. Den Zitronensaft und die Zitronenschale dazugeben und mit dem Mohn darunterquirlen. Nun die Butter dazuquirlen. Das Mehl darübersieben und kurz unterrühren.

Zwei Tassen mit Butter einfetten. Den Teig auf die Tassen verteilen. Nacheinander bei 800 W für 1:50 Minuten in die Mikrowelle stellen. Herausnehmen und stürzen oder in der Tasse abkühlen lassen. Dazu passt besonders gut ein Frischkäse-Zitrus-Icing (s. S. 62).

Bei der Zubereitung ohne Mikrowelle ofenfeste Tassen verwenden. Die Butter in einer kleinen Pfanne zerlassen. Den Backofen auf 180 °C vorheizen und die Küchlein auf der mittleren Schiene ca. 25 Minuten backen.

Für 2 Tassen
à ca. 220 ml

Melasse-Mug-Cakes

Mug Cakes für jeden Tag

2 getrocknete Aprikosen
2 Trockenpflaumen
1 Ei (Größe L)
3 EL Rapsöl
1 EL Melasse
  (ersatzweise Zuckerrübensirup)
40 g brauner Zucker
1 Prise Zimt
1 Prise gemahlene Nelken
2 EL Milch
1 Prise Salz
60 g Mehl, mit Backpulver versetzt
Butter für die Tassen
Puderzucker zum
  Bestäuben

Für 2 Tassen
à ca. 220 ml

Die Trockenfrüchte fein hacken. Das Ei mit dem Rapsöl in eine Rührschüssel geben. Mit dem Handrührgerät verquirlen. Dann Melasse, braunen Zucker und Gewürze hinzugeben. Alles ca. 2 Minuten verquirlen. Die Milch und die Prise Salz hinzurühren. Das Mehl darübersieben. Kurz unterrühren.

Zwei Tassen mit Butter einfetten. Den Teig einfüllen und die Tassen nacheinander bei 800 W für ca. 2 Minuten in die Mikrowelle stellen. Herausnehmen, stürzen oder in der Form abkühlen lassen. Mit Puderzucker bestäubt servieren. Dazu schmeckt Schlagsahne oder auch eine Ganache aus Zartbitter- oder Vollmilchschokolade (s. S. 57) besonders gut.

Für die Zubereitung im Backofen ofenfeste Tassen verwenden. Den Backofen auf 180 °C vorheizen und die Cakes auf der mittleren Schiene ca. 25 Minuten backen.

Joghurt-Mug-Cakes

1 Ei (Größe L)
40 g Zucker
25 ml flüssiger Honig
50 g Naturjoghurt (3,5 % Fett i.Tr.)
1 EL Rapsöl
1 Prise Salz
60 g Mehl, mit Backpulver versetzt
Butter für die Tassen

Für 2 Tassen
à ca. 220 ml

Das Ei mit dem Zucker und dem Honig in eine Rührschüssel
geben. Mit dem Handrührgerät schaumig aufschlagen. Dann den
Joghurt, das Rapsöl und die Prise Salz hinzufügen. Kurz unterrühren. Das Mehl darübersieben und ebenfalls unterrühren.

Zwei Tassen mit Butter einfetten. Den Teig auf die Tassen verteilen
und diese nacheinander bei 800 W für 1:50 Minuten in die Mikrowelle stellen. Herausnehmen, stürzen oder in der Tasse vollständig
abkühlen lassen. Dazu schmeckt am besten ein fruchtiges Icing
mit untergehobenen Beeren (s. S. 58).

Für die Zubereitung im Backofen ofenfeste Tassen verwenden.
Den Backofen auf 180 °C vorheizen und die Küchlein auf der mittleren Schiene ca. 25 Minuten backen.

Tipp:
Mit Schlagsahne
und Beeren
garnieren

Amaretti-Mug-Cakes

Mug Cakes für jeden Tag

30 g Amaretti
20 g Marzipan
30 g Butter
40 g Zucker
1 Prise Salz
1 Ei (Größe L)
3 EL Milch
40 g Mehl, mit Backpulver versetzt
Butter für die Tassen

Für 2 Tassen
à ca. 220 ml

Amaretti in einen Gefrierbeutel füllen und mit der Küchenrolle mehrere Male darüberfahren, bis die Kekse krümelig sind. Das Marzipan hacken und mit der Butter in eine Rührschüssel geben. Bei 800 W für ca. 1 Minute in die Mikrowelle stellen. Herausnehmen und mit der Gabel durchrühren.

Zucker, Salz und das Ei hinzugeben und mit dem Handrührgerät schaumig quirlen. Dann die Milch hineinquirlen. Das Mehl darübersieben und die Kekskrümel hinzugeben. Alles kurz unter den Teig quirlen.

Zwei Tassen mit Butter einfetten und den Teig darauf verteilen. Die Tassen nacheinander bei 800 W für 1:50 Minuten in die Mikrowelle stellen. Herausnehmen und stürzen oder in der Tasse abkühlen lassen. Dazu schmeckt ein Frischkäse-Vanille-Frosting sehr gut (s. S. 62) oder eine Ganache aus weißer Schokolade (s. S. 57).

Bei der Zubereitung ohne Mikrowelle ofenfeste Tassen verwenden. Butter und Marzipan in einem kleinen Topf erhitzen und dann verrühren. Den Backofen auf 180 °C vorheizen und die Küchlein auf der mittleren Schiene ca. 25 Minuten backen.

Eierlikör-Mug-Cakes

Mug Cakes
für jeden Tag

60 g Mehl, mit Backpulver versetzt
55 g Zucker
1 Prise Salz
1 Ei (Größe L)
3 EL Eierlikör
3 EL Rapsöl
Butter für die Tassen

Mehl mit Zucker und Salz verrühren. Dann das Ei, den Eierlikör und das Rapsöl hinzugeben. Alles mit dem Handrührgerät glatt rühren.

Zwei Tassen mit Butter einfetten. Den Teig auf die Tassen verteilen und diese nacheinander für 1:50 Minuten bei 800 W in die Mikrowelle stellen. Nach Belieben stürzen oder in der Tasse servieren.

Als Topping passt mit Eierlikör beträufelte Schlagsahne.
Bei der Zubereitung im Backofen ofenfeste Tassen verwenden.
Den Ofen auf 180 °C vorheizen und die Cakes auf der mittleren Schiene ca. 25 Minuten backen.

Für 2 Tassen
à ca. 220 ml

Schoko-Ganache Grundrezept

Toppings

Für 2 Mug Cakes

30 g Zartbitterschokolade
30 g Sahne

Die Zartbitterschokolade hacken oder reiben. Die Sahne in ein Rührgefäß geben und für ca. 1 Minute bei 800 W in die Mikrowelle stellen. Die Schokolade in die kochend heiße Sahne geben und 1 Minute stehen lassen. Dann glatt verrühren und kalt stellen.

Sobald die Mischung kalt ist, mit dem Handrührgerät aufschlagen, bis sie die gewünschte Konsistenz hat und spritzbar ist. Die Ganache in einen Spritzbeutel füllen und dekorativ auf die Mug Cakes spritzen.

VARIATIONEN:
Dieses Grundrezept lässt sich vielfach variieren.
- Statt der Zartbitterschokolade Vollmilchschokolade verwenden.
- Statt der Zartbitterschokolade die doppelte Menge weiße Schokolade verwenden.
- Rühren Sie unter die aufgeschlagene Ganache 1 TL gemahlene Haselnüsse, Mandeln oder Kokosraspel.
- Aromatisieren Sie die Ganache mit einem $3/4$ TL löslichem Espressopulver. Dieses wird noch vor der Schokolade in die heiße Sahne gegeben und darin aufgelöst.
- Lecker schmecken auch hier untergehobene Beeren, besonders Himbeeren und Heidelbeeren. Diese unter die aufgeschlagene Ganache heben und sofort auf die ausgekühlten Mug Cakes streichen.

Holunderblüten-Icing

*Eine köstlich-
leichte Versuchung*

Toppings

Das Eiweiß mit dem Zucker, dem Salz und dem Weinstein-Back-
pulver in eine Metallschüssel geben. Im heißen Wasserbad ca.
3 Minuten aufschlagen.

Aus dem Wasserbad nehmen und ca. 7 Minuten weiterschlagen,
bis sich glänzende, steife Spitzen bilden und die Masse wieder
kalt ist. Zum Schluss den Holunderblütensirup unterrühren.
Das Icing mit einem Löffel auf den vollständig erkalteten Mug
Cakes verteilen. Besonders hübsch sieht es aus, wenn Spitzen
hochgezogen werden.

VARIATIONEN:
Sehr lecker schmeckt das Icing auch, wenn andere Zutaten unter-
gehoben werden. Probieren Sie, je nach Geschmack und Mug-
Cake-Sorte, auch einmal

- 20 g getrocknete Cranberrys, die statt des Holunderblüten-
  sirups untergehoben werden
- andere Sirupsorten, zum Beispiel schwarzen Johannisbeersirup
  oder auch mal Pfefferminzsirup
- 40 g frische Beeren, z. B. Johannisbeeren, Himbeeren oder
  Heidelbeeren

**Für 2
Mug Cakes**

1 Eiweiß
50 g Zucker
1 kleine Prise Salz
1 sehr kleine Prise Weinstein-
Backpulver
2 EL Holunderblütensirup

Amerikanische Buttercreme

Toppings

Die weiche Butter in ein Rührgefäß geben. Die Vanilleschote längs aufschneiden, das Mark herausschaben und zur Butter geben. Den Puderzucker in ein Sieb geben und über die Buttermischung sieben.

Mit dem Handrührgerät die Mischung erst langsam anschlagen, bis sich alles miteinander verbunden hat, dann mit höherer Geschwindigkeit aufschlagen. Währenddessen ¹⁄₂ TL warmes Wasser dazugeben und ein kleines bisschen Lebensmittelfarbe nach Belieben.

VARIATIONEN:
Auch dieses Rezept lässt sich vielfach variieren – ganz nach Geschmack und Sorte des Mug Cakes. Probieren Sie

- statt des warmen Wassers 1 TL Likör oder Sirup, z. B. Eierlikör, Orangenlikör, Kaffeelikör oder Zitronensirup. Genauso wie das Wasser sollte jedoch auch diese Flüssigkeit lauwarm sein. So verbindet sie sich gut mit der Buttercreme
- etwas abgeriebene Schale von 1 unbehandelten Zitrone oder Orange. Einfach unter die fertige Buttercreme rühren
- 2 Tropfen Rumaroma, Butteraroma oder 1 kleine Prise Zimt

Für 2
Mug Cakes

30 g weiche Butter
¹⁄₄ Vanilleschote
50 g Puderzucker
Lebensmittelfarbe nach Belieben

Frischkäse-Vanille-Frosting

Für 2 Mug Cakes

Toppings

20 g weiche Butter
1 Päckchen Vanillezucker
10 g Puderzucker
50 g Frischkäse

FÜR DAS FRISCHKÄSE-ZITRUS-FROSTING:
20 g weiche Butter
30 g Puderzucker
50 g Frischkäse
1 TL Zitronensaft
½ TL abgeriebene Schale
von 1 unbehandelten Zitrone

Die weiche Butter mit dem Handrührgerät cremig rühren. Dann den Vanillezucker dazugeben und kurz weiterquirlen. Den Puderzucker und den Frischkäse hinzugeben und alles glatt verquirlen.

Das Frosting entweder mit dem Messer auf den Mug Cakes verteilen oder in einen Spritzbeutel füllen und dekorativ auf die Mug Cakes spritzen.

FRISCHKÄSE-ZITRUS-FROSTING:
Wie oben beschrieben die Butter cremig rühren. Den Puderzucker und den Frischkäse hinzugeben und alles miteinander glatt verquirlen. Zum Schluss Zitronensaft und Zitronenschale darunterquirlen.

Tipp:

Besonders dekorativ wird das Frosting, wenn sie es mit ein wenig Lebensmittelfarbe passend zum jeweiligen Rezept pastellig einfärben

0,50

Tasse: © olga_milagros / Fotolia.com
Umschlagabbildungen und Fotos: TLC Fotostudio, Velen-Ramsdorf
Umschlaggestaltung, Layout und Satz: visuelle konzepte, Dortmund
Gesamtherstellung: Fackelträger Verlag GmbH, Köln

ISBN 978-3-7716-4599-1

www.fackeltraeger-verlag.de